Papa Baba Fall
Claude Lishou

Solution sig web

Papa Baba Fall
Claude Lishou

Solution sig web

Contribution à la gestion des litiges fonciers : cas du Sénégal

Presses Académiques Francophones

Impressum / Mentions légales
Bibliografische Information der Deutschen Nationalbibliothek: Die Deutsche Nationalbibliothek verzeichnet diese Publikation in der Deutschen Nationalbibliografie; detaillierte bibliografische Daten sind im Internet über http://dnb.d-nb.de abrufbar.
Alle in diesem Buch genannten Marken und Produktnamen unterliegen warenzeichen-, marken- oder patentrechtlichem Schutz bzw. sind Warenzeichen oder eingetragene Warenzeichen der jeweiligen Inhaber. Die Wiedergabe von Marken, Produktnamen, Gebrauchsnamen, Handelsnamen, Warenbezeichnungen u.s.w. in diesem Werk berechtigt auch ohne besondere Kennzeichnung nicht zu der Annahme, dass solche Namen im Sinne der Warenzeichen- und Markenschutzgesetzgebung als frei zu betrachten wären und daher von jedermann benutzt werden dürften.

Information bibliographique publiée par la Deutsche Nationalbibliothek: La Deutsche Nationalbibliothek inscrit cette publication à la Deutsche Nationalbibliografie; des données bibliographiques détaillées sont disponibles sur internet à l'adresse http://dnb.d-nb.de.
Toutes marques et noms de produits mentionnés dans ce livre demeurent sous la protection des marques, des marques déposées et des brevets, et sont des marques ou des marques déposées de leurs détenteurs respectifs. L'utilisation des marques, noms de produits, noms communs, noms commerciaux, descriptions de produits, etc, même sans qu'ils soient mentionnés de façon particulière dans ce livre ne signifie en aucune façon que ces noms peuvent être utilisés sans restriction à l'égard de la législation pour la protection des marques et des marques déposées et pourraient donc être utilisés par quiconque.

Coverbild / Photo de couverture: www.ingimage.com

Verlag / Editeur:
Presses Académiques Francophones
ist ein Imprint der / est une marque déposée de
OmniScriptum GmbH & Co. KG
Heinrich-Böcking-Str. 6-8, 66121 Saarbrücken, Deutschland / Allemagne
Email: info@presses-academiques.com

Herstellung: siehe letzte Seite /
Impression: voir la dernière page
ISBN: 978-3-8416-2737-7

REMERCIEMENTS

Je rends grâce à Allah, le Tout Puissant de m'avoir accordé la force et la capacité intellectuelle pour achever ce travail.

Je tiens à remercier le **Professeur Claude LISHOU,** Directeur du Laboratoire de Traitement de l'Information qui a bien voulu m'accepter dans son laboratoire, dans son équipe TIC, et m'avoir accordé confiance et encadré durant toute la réalisation du projet.

Je remercie également les autres responsables du LTI : en l'occurrence **M. Alex Louis CORENTHIN, Mme Awa NIANG, M. Roger Marcellin FAYE, M. Salam SAWADOGO,** qui nous ont accompagnés dans nos recherches pendant toute cette année universitaire.

Merci également à l'équipe « DREAM TEAM » de LTI qui m'a soutenue pendant les durs labeurs.

Merci à tous les enseignants et étudiants chercheurs de LTI que j'ai pu côtoyer cette année pour leur bonne humeur et leurs compétences, particulièrement à **Abdourahmane BA,** à **Mbaye Babacar GUEYE,** à **Adji Dieynaba COLY** et à **Mme Samb née Khady BA.**

Mention spéciale à tous les membres de ma famille pour leur soutien moral, financier et des prières formulées à mon endroit. Qu'Allah fasse que je ne les déçois pas.

Je remercie aussi tous mes camarades de promotion et l'ensemble des enseignants du master2 de recherche.

RESUME

Ce mémoire a été effectué dans le cadre de l'intégration des TIC dans la gouvernance locale.

La gestion du foncier au Sénégal comme partout ailleurs est complexe, malgré tout l'effort et les stratégies déployés depuis les indépendances jusqu'à ce jour. En effet, il demeure toujours à côté de la gestion moderne du foncier, une gestion coutumière des terres. Cette dernière est plus fréquente dans les zones rurales du Sénégal. Ce qui est la cause de nombreux litiges.

L'accès aux données foncières est assez difficile pour la plupart des responsables de la gestion des terres. Nous avons pensé apporter une solution à travers une application SIG web basée sur une solution libre qui rend disponible l'information sur le réseau internet à ceux qui sont concernés par le registre foncier. Elle permet de dresser la base de données foncière sur des cartes géoréférencées et très dynamiques. Le traçage des cartes se fait avec les coordonnées géographiques des contours des parcelles. Ce qui rend la modification des cartes assez facile. Nous utilisons le langage SVG pour dessiner les plans fonciers et MySQL comme base de données. Ce qui est possible du fait du format de sauvegarde de nos cartes, qui est en format texte. L'aspect dynamique des cartes est grâce à DOM SVG.

L'utilisation de l'application par les responsables du foncier dans une commune permettra de sauvegarder automatiquement les modifications de leur registre foncier. Des profils d'utilisateurs vont être gérés. Chaque modification de propriétaire ou de limite d'une parcelle sera enregistrée ainsi que l'acteur. Cela permettra aux responsables de s'auto s'informer et de sécuriser la base de données.

Contribution à la gestion des litiges fonciers au Sénégal : réalisation d'un SIG web

SOMMAIRE

INTRODUCTION

Contribution à la gestion des litiges fonciers au Sénégal : réalisation d'un SIG web

Auparavant il existait une gestion traditionnelle du foncier. La responsabilité incombait aux chefs de villages ou aux marabouts. Dès l'année 1964, une nouvelle politique du foncier fut érigée. Le décret n°64-573 du 30 juillet 1964 concède à l'Etat la gestion du foncier. Soucieux d'une meilleure gestion des terres, l'Etat implique les collectivités locales dans le foncier par le biais de la loi n°96-07 du 22 mars 1996.

Malgré cette volonté étatique : « *La gestion du patrimoine foncier est un des points de cristallisation dans pratiquement toutes les communautés rurales du Sénégal.*»(Réf. bibliographie n°1). Car elle est la cause de multiples litiges. Enjeu économique et socioculturel de taille, elle constitue un potentiel de mise en valeur.

Afin de disposer sur le territoire de moyens administratifs complémentaires pour permettre l'exécution et la mise en valeur de ses politiques foncières, l'Etat du Sénégal a mis en place le service Cadastre.

Le Cadastre est une institution qui maintient l'ordre du foncier face aux multiples litiges depuis 1964. Institut de gestion des dossiers fonciers, le Cadastre intervient dans la délimitation des zones et le recensement de l'exploitation dont elles font l'objet.

Avec l'essor de l'informatique, le Cadastre se veut être moderne. Actuellement, il utilise le logiciel propriétaire et monoposte, ArcGIS pour la gestion des données foncières. En même temps, un projet de Système d'Information Géographique (SIG) est en cours de développement pour le Cadastre. Un SIG est un outil informatique permettant d'organiser et de présenter des données alphanumériques spatialement référencées, ainsi que de produire des plans et cartes.

Ainsi, une solution libre d'un SIG web pour la gestion du foncier serait la bienvenue. Cette application n'aurait pas un but d'exécution du travail de Cadastre. Mais elle rendrait l'accès facile aux données cadastrales aux décideurs du foncier des communautés rurales. Elle apporterait aux responsables fonciers des moyens stratégiques pour asseoir des politiques efficaces et profitables à tout un chacun. En même temps, elle limiterait tant soit peu, les litiges dramatiques liés à la gestion des terres en donnant des moyens de vérification à travers le réseau mondial, internet. Cette recherche de solution SIG web viserait l'intégration des TIC dans la gouvernance locale.

L'objectif est de trouver parmi les langages informatiques celui qui nous permet de tracer des cartes moyennant des coordonnées géographiques et accessible via internet. De plus, choisir

Contribution à la gestion des litiges fonciers au Sénégal : réalisation d'un SIG web

un modèle de sauvegarde des informations liées aux zones dessinées respectant l'organisation du Cadastre. Cela va sans dire, au géoréférencement des cartes, les rendre interactives pour permettre des requêtes d'affichage de leur propriétaire et des informations rattachées. Les fonctionnalités d'ajout, de modification, de suppression de données par les utilisateurs ayant droit seraient nécessaires. Aussi, montrer des infrastructures stratégiques des communes telles que les centres de santé, les écoles, les grands points de commerces, d'abreuvages des bétails, les champs, les locaux administratifs etc. Sans pour autant oublier de gérer les droits d'accès et tracer toutes les actions importantes dans le groupe des administrateurs.

Dans le but d'atteindre ces objectifs, nous allons faire un bref historique du foncier au Sénégal et des problèmes dont engendre sa mauvaise gestion.

Nous passons après cela aux techniques nouvelles de gestion de données géoréférencées. Ceci nécessite une bonne compréhension des notions clef de la géomatique, la science s'intéressant aux données géographiques localisées et des Systèmes d'Information Géographique, applications traitant ces données spatialement référencées.

Ensuite, nous présentons quelques solutions propriétaires des plus utilisées et des solutions libres en spécifiant leur gain en coût d'investissement et de temps.

Enfin, les différentes phases de la réalisation de la plateforme cartographique seront détaillées. En passant par les techniques utilisées pour géoréférencer les cartes : astuces pour gérer la fenêtre d'affichage et le calcul de l'échelle de résolution.

CHAPITRE 1 : LA PROBLEMATIQUE

DU REGISTRE FONCIER AU SENEGAL

1.1 LA GESTION FONCIERE AU SENEGAL

1.1.1 LA PERIODE PRECOLONIALE

Avant la colonisation, le régime foncier était régi par les coutumes. Ce système se caractérisait par une superposition des droits et l'absence de propriété foncière individuelle : la terre était la propriété de la famille, elle était inaliénable et les filles étaient exclues de la succession de leur père. La succession de propriété revenait à l'homme le plus âgé de chaque famille. La femme étant le plus souvent à la charge de ses parents, de son mari ou de ses enfants, n'y avait pas droit. Toutefois une femme sans famille pouvait recevoir un lopin de terre mais cette concession lui était retirée dès qu'elle se mariait. De même, les terres d'un copropriétaire qui mourrait sans enfants de sexe masculin, revenaient à la collectivité.

La terre constituait ainsi un bien inaliénable, alors que chaque membre mâle de la collectivité avait le droit d'en posséder une part de ce bien commun.

1.1.2 LA PERIODE COLONIALE

Les colons essayaient d'introduire le système occidental de droit de propriété individuelle par différents décrets, dont les plus importants sont :

- ✓ le décret du 20 juillet 1900 qui introduit la technique de l'immatriculation des biens fonciers ;
- ✓ le décret de 1925, puis celui de 1955 qui tentent de constater et transformer les droits coutumiers en droits de propriété.

Les efforts déployés par le législateur colonial se sont soldés par des échecs retentissants. Les populations rurales n'eurent jamais recours à l'immatriculation, se contentant de vivre sous l'empire des conceptions coutumières en matière foncière.

APRES L'INDEPENDANCE

Dès l'indépendance, le règlement de la question foncière s'est posé comme une priorité aux nouvelles autorités du pays. Avec l'adoption de la loi n° 76-66 du 2 juillet 1976 portant Code du domaine de l'Etat au Sénégal, qui est le complément nécessaire et attendu de la loi n° 64-46 du 17 juin 1964 relative au domaine national, le Sénégal vient de se doter d'un nouveau régime foncier complet que l'on n'hésite pas à qualifier tantôt de révolutionnaire et tantôt de moderne. Cette réforme fut le point de départ d'un bouleversement de l'approche du politique vis-à-vis du monde rural tant au niveau de la mise en œuvre des actions de développement qu'au niveau des rapports entre l'État et les acteurs locaux. Au niveau local, la gestion des terres est confiée à une commission domaniale composée du chef de village et de notables.

Les objectifs poursuivis à travers cette vaste et importante législation sont, semble-t-il, d'asseoir un régime d'une part, conforme à une politique économique et sociale efficace et d'autre part, de traduire ou refléter les conceptions négro-africaines en matière foncière.

Après plusieurs années d'expérience, l'Etat du Sénégal, jugeant nécessaire de disposer sur le territoire de moyens administratifs complémentaires pour la mise en valeur de ses politiques du foncier, a décidé de mettre en place le Cadastre. La mise en place du service s'est effectuée par le transfert d'une partie du Service Topographique au Ministère des Finances et des Affaires Economiques pour prendre le nom du Cadastre. Désormais, à l'exception de Dakar qui compte des bureaux de cadastre au nombre de seize (16), le Sénégal dispose un bureau cadastral par région.

Cependant les litiges fonciers demeurent toujours au Sénégal et l'information autour du foncier en milieu rural est obsolète voire inexistante.

LES LITIGES FONCIERS

Il est à constater une récurrence des querelles aux sujets de parcelle. Les modalités d'apparition des phénomènes constitutifs d'un habitat qualifié tantôt d'irrégulier, tantôt de spontané, ont fait l'objet de nombreuses études, notamment dans le cadre de projets de réhabilitation, qui mettent tout l'accent sur l'absence ou la précarité du statut foncier. Ces modalités ont suscité également de nombreuses recherches à caractère académique. Toutefois, il

Contribution à la gestion des litiges fonciers au Sénégal : réalisation d'un SIG web

est à noter que nombre d'analyses faites à ce sujet sont de caractère dualiste, considérant la sphère de "l'irrégulier" d'une part, et bien entendu celle du "régulier", comme deux ensembles séparés.

La première serait dominée par les pratiques, essentiellement populaires, "traditionnelles" et la seconde le serait par les normes, la réglementation, le droit positif, et la planification urbaine. Ce faisant, il est à constater une diversité des formes d'appropriation et de transmission du sol, s'inspirant à la fois du droit coutumier et du droit moderne, mais non reconnu par ce dernier. Aussi, au niveau des recommandations opérationnelles, en l'occurrence lorsqu'il s'agit de proposer des mesures de régularisation, les législateurs du foncier devraient s'outiller de moyens plus interactifs afin de valider le plus rapidement possible leur décision.

C'est ce qui fait l'objet de notre application ; essayer tant soit peu d'aider à l'élaboration d'un registre foncier avec moins de problèmes possibles.

Ces problèmes sont de sources variées. Ils peuvent surgir pour la plupart du temps entre les responsables des collectivités locales et leurs habitants : «*HANN-DALIFORT - Litige foncier: Le maire accusé de vouloir faire main basse sur 5 180 m^2 ; un terrain de 5 180 m^2 oppose le nouvel édile de la commune de Hann-Dalifort et la famille Matar Seck. Cette dernière accuse Idrissa Diallo de vouloir les exproprier illégalement.*»[1].

Des fois ils opposent deux particuliers sur des questions de droit propriétaire ou de délimitation. Le cas de la Sococim (Société de Cimenterie) et des paysans rufisquois en est une illustration : « *Spoliés de leurs terres par la Sococim : Des Rufisquois promettent d'accueillir Wade avec des abeilles. S'achemine-t-on vers une escalade entre la Sococim et les maraîchers propriétaires des champs sur lesquels la cimenterie de Rufisque entretient des cultures de tabanani (ou jatropha)? En tout cas, hier, à la sortie de leur audience avec le préfet, les maraîchers ont menacé de sévir. C'est ainsi qu'ils comptent manifester leur courroux. Et pour leur première manifestion, ils comptent lâcher demain, vendredi, des abeilles toutes noires sur le Président de la République et sa suite.* »[2].

Des fois un nouveau morcellement de grande parcelle pour un partage entre des personnes peut être source de querelles. Ces cas sont récurrents lors de l'héritage des biens fonciers d'un marabout ayant cédé oralement des terres à ses fidèles ou ses enfants.

---

[1] Article publié par le journal **Quotidien** le Samedi 11 Juin 2009
[2] Article publié par le journal **Wal⸻** le Jeudi 13 Déc. 2007

Ces conflits peuvent surgir entre deux collectivités ; c'est le cas de la commune de Rufisque et celle de Bargny sur l'appartenance de la Sococim (Société de Cimenterie) à leur territoire respectif. Chacune voulait s'accaparer des recettes d'impôts de la société.

Tous ces litiges sont pour la majeure partie dus à un manque d'outil de décision sur les zones gouvernées. Les décideurs devraient avoir connaissance d'informations stratégique avant d'assoir leur politique. Cela passe par un outil pouvant montrer les informations sur l'espace géographique concerné. Ce qui est du ressort de la géomatique et de ses applications SIG.

La géomatique est la discipline ayant pour objet la gestion des données à référence spatiale et qui fait appel aux sciences et aux technologies reliées à leur acquisition, leur stockage leur traitement et leur diffusion.

CHAPITRE 2 : LA GEOMATIQUE ET LES SYSTEMES D'INFORMATION GEOGRAPHIQUE (SIG)

Contribution à la gestion des litiges fonciers au Sénégal : réalisation d'un SIG web

Le terme géomatique vient du préfixe *géo* du grec *Gê* signifiant *Terre* et du mot *informatique*. Elle est l'intégration de l'informatique et des sciences de la terre.

Elle regroupe les sciences ou techniques suivantes :

la géodésie : elle étudie les formes et les dimensions de la terre ;

la topométrie : elle collecte et mesure des angles et des distances ;

la photogrammétrie : elle permet l'interprétation, la position et la mesure de détails topographiques visibles sur des photographies aériennes ;

l'arpentage : il donne la position et les limites d'une propriété à partir de l'analyse de lois, de règlements et d'arpentages antérieurs. Il permet de reconstituer le périmètre d'un terrain ;

la télédétection : est un ensemble de techniques et de connaissances utilisées pour déterminer les caractéristiques physiques et biologiques d'objets par mesures effectuées à distance sans contact matériel avec le milieu. Exemple : Google Earth se serre d'images satellitaires pour dresser un plan cartographique du monde ;

la cartographie : elle permet la représentation géographique des éléments naturels et artificiels d'un territoire dans un système de coordonnées terrestres.

En géomatique l'organisation des données constitue un point important. La particularité et l'intérêt de la géomatique résident dans le fait que l'information géographique fournie par les sciences de la géomatique est réorganisée et structurée à l'aide des outils informatiques. Elle devient donc utilisable par un plus grand nombre d'usagers. Son utilité est maintenant visible dans beaucoup de domaines. La gestion des réseaux électriques, ou télécom fait appel de plus en plus à cette science.

Elle permet de manipuler et traiter des informations à travers les SIG afin de constituer des plans d'intervention, et des cartes constituées de couches d'informations.

La particularité et l'intérêt de la géomatique réside dans le fait que l'information géographique fournie par les sciences de cette discipline est réorganisée et structurée à l'aide d'outils informatiques.

Elle regroupe l'ensemble des outils et méthodes permettant de représenter, d'analyser et d'intégrer des données géographiques. Elle consiste en des activités distinctes que sont :

l'acquisition des données : elle se fait au moyen de levés de terrain, d'images satellitaires, de photographies aériennes et de cartes. L'acquisition des données représente 70% des coûts de mise en œuvre des SIG. Les formats de données peuvent être de type texte, raster ou vectoriel ;

la structuration des données : elle permet de vérifier la conformité des données et d'en organiser la cartographie ;

le stockage : il permet d'entreposer l'information cartographique dans les bases de données. Les bases de données conservent la géométrie et les données descriptives reliées à ces éléments géométriques ;

le traitement : il exploite la base de données pour étudier un phénomène, l'analyser, le modéliser et établir des rapports de cause à effet ;

la diffusion : La diffusion des données véhicule sous la forme de données brutes, de produits sur mesure ou de résultats d'un traitement. Ce peut être des documents papier (cartes, images) ou numériques (disquettes, cédéroms ou procédés de télécommunication).

LA GEODESIE

La géodésie est la base de toutes les étapes de la géomatique. Elle est la science qui détermine la forme et les dimensions de la Terre dans l'espace à trois dimensions. Elle intervient en amont des travaux de cartographie, télédétection, génie civil, navigation terrestre ou spatiale. Elle permet d'assurer le positionnement des bases de données géographiques nécessaires aux SIG.

LA SURFACE TOPOGRAPHIQUE

Il est complexe de représenter la forme exacte de la surface de la Terre. En effet, cette surface n'est pas une sphère parfaite. Elle est aplatie et a une forme ellipsoïdale et irrégulière due aux reliefs. Elle est appelée, le géoïde (Figure 1).

Figure 1: Le géoïde (la forme réelle de la surface terrestre)

Cela complique donc la mesure des distances sur la surface terrestre et par là, même les positions. Pour pallier cette difficulté, on réduit toutes les mesures à une surface de référence. Pour une cartographie à très petite échelle (par exemple 1 / 10.000.000), la surface terrestre est assimilée à une sphère (Figure 2).

Figure 2 : Globe terrestre (source)

Cependant, pour une cartographie à plus grande échelle (par exemple 1/10.000), la sphère n'est pas une très bonne approximation. Ainsi, pour une représentation à plus grande échelle, le géoïde est assimilé à un ellipsoïde.

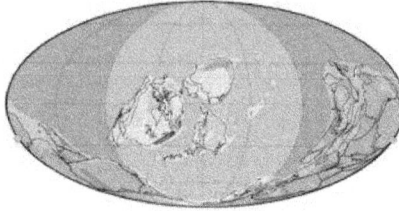

Figure 3 : Ellipsoïde terrestre

La surface topographique de la Terre solide est une surface très irrégulière à toutes les échelles, et ne se prête donc pas du tout à une description mathématique ou paramétrique. Cette surface, par rapport à un ellipsoïde de révolution l'approximant le mieux possible, présente des variations de l'ordre de 10 km vers le haut (Himalaya) et vers le bas (fosses océaniques). Pour cette raison elle est décrite par des points de mesure repérés au moyen de coordonnées dans un système bien défini. Dans un référentiel topographique courant, les altitudes sont comptées à partir d'une surface de référence proche du géoïde.

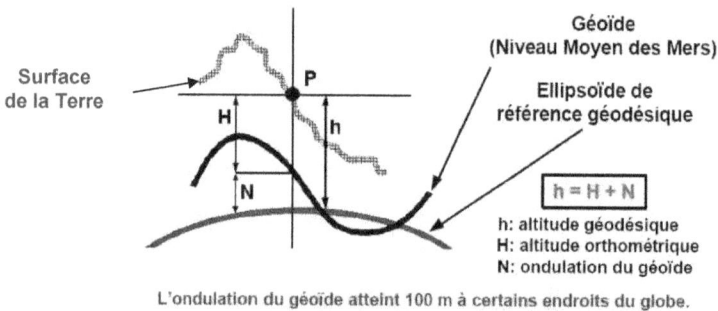

L'ondulation du géoïde atteint 100 m à certains endroits du globe.

Figure 4 : Le niveau d'ondulation par rapport à un ellipsoïde (datum)

Le système GPS s'appuie sur le datum WGS84 (World Geodetic System).

H (orthométrique) = h (ellipsoïdale) - N (ondulation du géoïde)

14

La hauteur donnée par le GPS est égale à la hauteur du nivellement par rapport au système référentiel et de la valeur d'ondulation du géoïde.

Des modèles du géoïde comme le GSD95 permette de déterminer l'ondulation du géoïde, N à une précision plus ou moins d'un mètre.

Il existe deux types d'élévation ou d'altitude avec le système GPS :

- ✓ élévation ellipsoïdale qui réfère à l'ellipsoïde de calcul associée au datum utilisé ;
- ✓ altitude orthométrique qui prend son origine sur le NMM (Niveau Moyen des Mers) équivalent à la surface du géoïde.

LES SYSTEMES GEODESIQUES (DATUM)

La position d'un point à la surface de la terre et sur sa carte représentative, est obtenue en faisant référence à un système géodésique donné, encore appelé "datum" par les anglo-saxons et un système de projection. Ce système géodésique repose sur la définition de deux types de références :

une surface moyenne représentant une surface terrestre moyenne idéale (le point P sur la Figure 4), le sphéroïde ou ellipsoïde de référence pour le pays, le continent ou même la terre entière (Figure 4) ;

des références pour les coordonnées_géographiques, horizontales (parallèles et méridiens, ex. l'équateur et le méridien de Greenwich) et verticale (niveau de référence, ex.la hauteur d'eau moyenne de la mer à un endroit donné) (Figure 5).

Cette surface de référence a été choisie telle que la surface des mers, supposée prolongée sous les terres émergées, en soit une approximation. Mais le géoïde lui-même est irrégulier en raison de l'influence du relief, des variations de densité, de phénomènes océaniques.

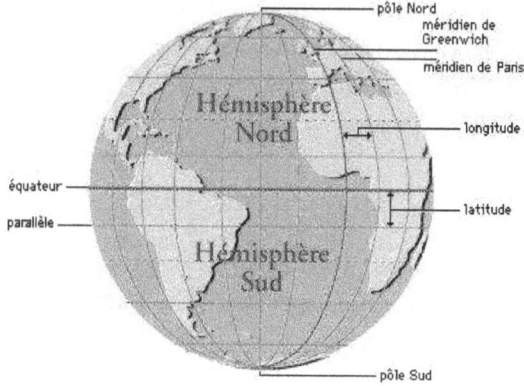

Figure 5: Les lignes repères de la surface terrestre

Un système géodésique est un ellipsoïde virtuel délimitant la zone terrestre concernée par le zoom d'étude. Plus il est local, plus il apporte plus de précision (Figure 6).

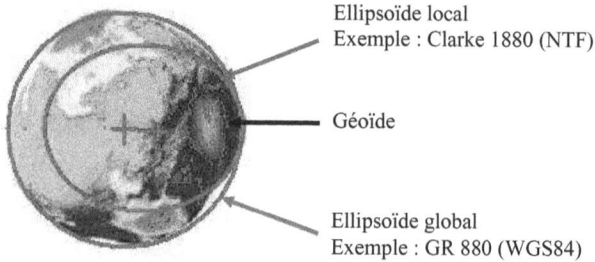

Figure 6 : Ellipsoïdes du Géoïde

Il existe sur nos cartes différents systèmes géodésiques : pour l'Afrique du nord, ça va du système Carthage (Tunisie) au Pulkovo (cartes russes) en passant par le WGS84 universellement adopté, même par le service hydrographique français (SHOM). Les cartes françaises topographiques (IGN) du territoire national utilisent encore la Nouvelle Triangulation de la France (NTF) (ellipsoïde de Clarke 1880) et, ou l'ED50, le MTU, et les plus récentes, le RGF93 (id.WGS 84). Les cartes américaines utilisent le NAD27 remplacé maintenant par le NAD83.

16

Au Sénégal, le calcul du nouveau réseau observé par la DTGC (Direction des Travaux Géographiques et Cartographique) en 2004 a permis de définir une nouvelle réalisation, et en parallèle un outil logiciel simple a été développé pour permettre l'accès au système RRS04 (Réseau de Référence du Sénégal).

Il existe plusieurs ellipsoïdes en usage, dont les plus courants sont :

Ellipsoïde de référence	Zone utilisée
Maupertuis (1738)	France
Everest (1830)	Inde
Airy (1830)	Bretagne
Bessel (1841)	Europe, Japon
Clarke (1878)	Amérique du Nord
Clarke (1880)	France, Afrique
Hayford (1910)	USA
Krassovsky (1940)	Russie
WGS-84 (1984)	Le monde
International (1924)	Europe

Table 1 : Récapitulatif de quelques ellipsoïdes de référence géodésique

LES SYSTEMES DE COORDONNEES DU GLOBE

LES COORDONNEES GEOGRAPHIQUES

La latitude, la longitude et le niveau par rapport à la mer d'un lieu quelconque désignent les coordonnées géographiques ou encore les repères géographiques. Le repérage à la surface de la planète avec les cartes est fait sur un autre système appelé repères cartographiques.

Pour se localiser sur la terre, il est nécessaire d'utiliser un système géodésique duquel découlent les coordonnées géographiques.

LA LATITUDE

Elle est une valeur angulaire, expression du positionnement Nord-Sud d'un point sur Terre, au nord ou au sud de l'équateur. La latitude est une mesure angulaire s'étendant de 0° à l'équateur à 90° aux pôles. Ce plan coupe la surface terrestre suivant un cercle approximatif (les irrégularités du cercle sont liées aux variations d'altitude), sauf aux pôles où ce cercle se réduit à un point. Plus la latitude s'écarte de 0°, plus on s'éloigne du plan de l'équateur, cependant la latitude n'est pas une mesure directe proportionnelle à la distance entre les deux plans, mais proportionnelle à la distance la plus courte pour rejoindre l'équateur en parcourant la surface terrestre soit vers le nord géographique soit vers le sud géographique. En effet, la distance au plan de l'équateur ne varie pratiquement pas près des pôles même si la latitude varie beaucoup, au contraire des plans de latitude près de l'équateur où la variation de la distance inter-plan est maximale.

LA LONGITUDE

Elle est une valeur angulaire, expression du positionnement Est-Ouest d'un point sur Terre. Tous les lieux situés à la même longitude forment un demi-plan limité par l'axe des pôles géographiques, coupant la surface de la terre sur un demi-cercle approximatif dont le centre est le centre de la Terre, l'arc allant d'un pôle à l'autre. Un tel demi-cercle est appelé méridien. À la différence de la latitude (position Nord-Sud) qui bénéficie de l'équateur et des pôles comme références, aucune référence naturelle n'existe pour la longitude. La longitude est donc une mesure angulaire sur 360° par rapport à un **méridien de référence**, avec une étendue de **-180°** à **+180°**, ou respectivement de **180° ouest** à **180° est**. Le méridien de référence est le méridien de Greenwich (qui sert aussi de référence pour les fuseaux horaires).

En combinant les deux angles, la position à la surface de la Terre peut être spécifiée. À titre d'exemple, Dakar a une latitude de 14°37ɲord et une longitude de 17°27ǫouest (14°37ɗN 17°27ɰW ou 14°37ç -17°27ɰç

Les coordonnées géographiques sont exprimées en degrés sexagésimaux (Degrés (°) Minutes (ɰçSecondes (ɰ). L'unité sta ndard du sexagésimal est le **degré** (360 degrés), puis la **minute** (60 minutes égale 1 degré) puis la **seconde** (60 secondes égale 1 minute). La mesure moderne du temps correspond de façon arrondie à la durée de la rotation de la terre (jours) et de sa révolution (année). Les décimales qui sont plus petites que la seconde sont mesurées avec le système décimal.

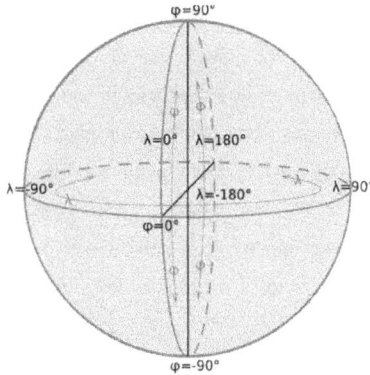

Figure 7 : Coordonnées géographiques sur un globe

La latitude correspond à la mesure de l'angle marqué *phi* ( ), la mesure de l'angle marqué *lambda* ( ) par rapport au méridien de référence donne la longitude.

LES SYSTEMES DE PROJECTION CARTOGRAPHIQUES

La projection cartographique est un ensemble de techniques géodésiques permettant de représenter la surface de la Terre dans son ensemble ou en partie sur la surface plane d'une carte. Une projection s'appuie sur une sphère ou un ellipsoïde de révolution. La Terre étant en fait un patatoïde, on commence par choisir, à partir de son géoïde global, un ellipsoïde de révolution représentatif.

Une fois un datum fixé, il reste à choisir le type projection à appliquer pour obtenir une carte. Cette fois encore, ce choix est conduit par l'usage, car les projections peuvent avoir diverses propriétés :

projection *équivalente* : conserve localement les surfaces ;

projection *conforme* : conserve localement les angles, donc les formes ;

projection *aphylactique* : elle n'est ni conforme ni équivalente, mais peut être *équidistante*, c'est-à-dire conserver les distances sur les méridiens.

19

Une projection ne peut être à la fois conforme et équivalente. Une carte ne pouvant pas être obtenue simplement en écrasant une sphère, la projection passe généralement par la représentation de la totalité ou une partie de l'ellipsoïde sur une surface développable, c'est-à-dire une surface qui peut être étalée sans déformation sur un plan. Le choix d'une projection et la conversion d'une projection à une autre comptent parmi les difficultés que les cartographes ont dû affronter.

L'informatique leur a beaucoup apporté de ce point de vue. Les trois formes mathématiques courantes qui répondent à ce critère (à savoir le plan, le cylindre et le cône) donnent lieu aux trois types principaux de projections :

la projection cylindrique;

la projection conique;

la projection azimutale.

Une projection qui ne peut être classée dans un de ces types est appelée *individuelle* ou *unique*.

LA PROJECTION CYLINDRIQUE

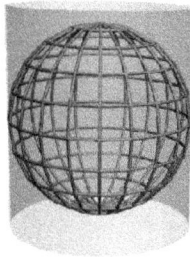

Figure 8 : Illustration de la projection cylindrique

On projette l'ellipsoïde sur un cylindre qui l'englobe. Celui-ci peut être tangent au grand cercle, ou sécant en deux cercles. Puis le déroulement du cylindre donne la carte. Parmi les exemples de projection cylindrique, il y a :

la projection de Mercator (conforme) ;

la projection de Peters (équivalente) ;

la projection de Robinson (pseudo-cylindrique, aphylactique) ;

la projection UTM (Transverse Universelle de Mercator) aussi appelée Gauss-Kruger (conforme) ;

la projection cylindrique équidistante ;

la projection de Mercator oblique (utilisée en Suisse par exemple).

LA PROJECTION CONIQUE

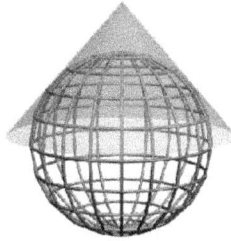

Figure 9 : Illustration de la projection conique

On projette l'ellipsoïde sur un cône tangent à un cercle ou sécant en deux cercles. Puis on déroule le cône pour obtenir la carte.

Voici quelques exemples de projection conique :

la projection conique conforme de Lambert ;

la projection d'Albers ;

etc.

LA PROJECTION AZIMUTALE

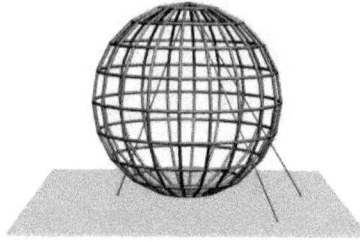

Figure 10 : Illustration de la projection azimutale

Il s'agit d'une projection de l'ellipsoïde sur un plan tangent en un point ou sécant en un cercle.

Il existe trois types de projections azimutales, qui se différencient par la position du point de perspective utilisé pour la projection :

la projection stéréographique ;

la projection gnomonique ;

la projection orthographique.

Par ailleurs, selon la position du plan tangent, la projection azimutale est dite *polaire* (plan tangent à un pôle), *équatoriale* (plan tangent en un point de l'équateur), ou *oblique* (plan tangent en un autre point). La projection azimutale polaire sert pour les cartes représentant les lignes aériennes qui passent par les régions polaires afin de réduire la distance de parcours.

L'intégration des outils informatiques et des sciences de la terre a facilité la compréhension des données et les prises de décisions dans beaucoup de domaines. En effet les données fournies par la géomatique sont utilisées à travers des applications appelées SIG.

LES LOGICIELS SIG

Un SIG est un système de gestion de base de données pour la saisie, le stockage, l'extraction, l'interrogation, l'analyse et l'affichage des données géolocalisées (PORNON H., 1992). Cette définition est orientée vers les besoins des utilisateurs.

Un SIG est un ensemble de données repérées dans l'espace, structurées de façon à pouvoir en extraire des synthèses utiles à la décision (DIDIER M., 1990). Cette définition est davantage tournée vers les besoins des décideurs.

Aussi, un SIG est un système informatisé capable de gérer, d'analyser et de représenter des données géographiques sous différentes formes pour aider les utilisateurs et les décideurs à mieux comprendre des phénomènes d'aménagement, de planification, d'intervention.

Un SIG est un ensemble de données numériques, localisées géographiquement et structurées à l'intérieur d'un système de traitement informatique comprenant des modules fonctionnels permettant de construire, de modifier, d'interroger, de représenter sur une carte les données selon des critères sémantiques et spatiaux.

En informatique, le terme système d'information (ou SI) est considéré comme « *un ensemble organisé de ressources (matériel, logiciel, personnel, données, procédures…) permettant d'acquérir, de stocker, de transformer et de communiquer des informations sous forme de textes, images, sons, ou de données codées dans des organisations.* »

Les logiciels de SIG offrent les outils et les fonctions pour stocker, analyser et afficher toutes les informations géoréférencées. Parmi eux, certains sont libres et d'autres sous licence privée.

LES LOGICIELS "PROPRIETAIRES"

ArcGIS

C'est un ensemble de logiciels SIG réalisé par la société ESRI (Environmental Systems Research Institute). La version actuelle est *ArcGIS 9.3*. Il existe différents niveaux au sein de la suite ArcGIS, notamment : ArcView (version de base), ArcEditor (version de base plus fonctionnalité topologiques et d'édition), ArcInfo (ArcEditor plus des modules supplémentaires très puissants). ArcGIS server permet une utilisation du produit via un sous réseau ou dans internet.

MapInfo

Il est un logiciel de SIG réalisé par la société du même nom (aujourd'hui filiale du groupe Pitney Bowes). La version actuelle est *MapInfo Professional 9.5*. MapInfo Professional est un Système d'Information Géographique à l'origine Bureautique créé dans les années 1980 aux Etats-Unis. C'est un logiciel qui permet de réaliser des cartes en format numérique. Il permet de représenter à l'aide d'un système de couches des informations géolocalisées : points, polygones, image raster etc. Il incorpore un grand nombre de formats de données, de fonctions cartographiques et de gestion de données. Le moteur d'édition de cartes de MapInfo est probablement le plus puissant des SIG. MapInfo est ouvert vers le Web et les globes virtuels ; il permet de publier sur le web des cartes réalisées sur un PC, de faire de la cartographie interactive, d'incorporer des informations des globes virtuels. MapInfo Professional est le logiciel standard pour les chargés d'étude et d'aménagement territorial, les chargés d'études d'implantation, de géomarketing, les analystes des réseaux physiques et commerciaux. Cependant il est sous licence privée.

SERVEUR CARTOGRAPHIQUE : SVGMyServer

C'est un serveur SIG développé par 'igeomatic' sur la base de solutions libres SVG. Il offre toutes les fonctionnalités standard d'un SIG.

A coté de ces applications existent des solutions SIG libres. Mais elles ne sont pas au même niveau de performance. Elles offrent qu'à même les fonctionnalités basiques d'un SIG et sont extensibles.

LES LOGICIELS LIBRES

Il nous a paru indispensable de classifier l'ensemble des solutions existantes sur le marché pour réaliser un Système d'Information Géographique libre en ligne. . Par souci de clarté et de simplicité, nous les avons regroupées en cinq catégories représentatives du marché actuel.

LA "CARTE MORTE"

DESCRIPTION

Il existe des solutions très simples de publication des cartes sur le web. Le format PDF permet, par exemple, d'exporter des cartes et de les coupler avec les fonctionnalités de base du visualiseur PDF (zoom, déplacement, recherche textuelle, etc.).

Nous présentons, ici, une autre solution s'appuyant uniquement sur la technologie web : les pages HTML permettent de publier des images et de les rendre cliquables selon un zonage prédéfini. Ces portions d'images sont donc réactives et permettent une navigation liée à la zone sélectionnée. Cette technologie est appelée image-map.

Nous pouvons ainsi créer des images "pré-zoomées" ou des textes préalablement écrits en relation à la zone réactive. Il peut servir de solution très simple à mettre en œuvre pour diffuser des cartes sur internet. Mais la mise à jour de ces genres de cartes cause problème.

Si la quantité d'information devient importante, il faut opter pour la mise en place des pages dynamiques pour éviter de créer autant de pages que de cartes à publier.

Les fonctionnalités permises par cette solution sont assez restreintes mais peuvent être suffisantes pour répondre à certains besoins. C'est pour cela que nous le catégorisons parmi les solutions type.

Le schéma suivant montre, l'architecture de la solution "*carte morte*" :

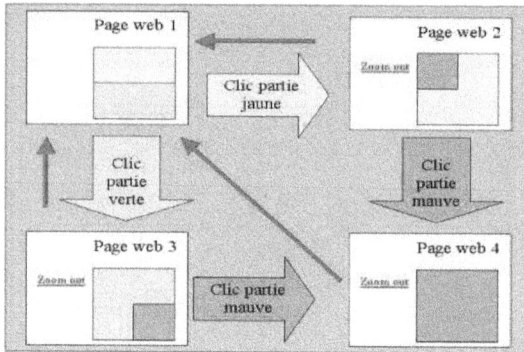

Figure 11: Schéma de l'architecture de la solution "carte morte"

Cette solution ne nécessite pas des composantes matérielles autres que le serveur WEB. En effet, elle s'appuie simplement sur le langage HTML.

Dans le cas de la mise en place des pages dynamiques (ASP, PHP), il faudra bien prévoir un serveur approprié. Pour mettre en place les pages HTML, un éditeur html est nécessaire.

Cependant les logiciels SIG bureautiques peuvent proposer des modules complémentaires pour une création automatique de ces pages intégrant les cartes cliquables (exemple MapInfo V6.0 module HTMLlmap, .MBX). De plus, des logiciels complémentaires peuvent être nécessaires pour la compression ou le reconditionnement des images.

INTEROPERABILITE

Cette solution n'accepte que la publication d'images aux formats acceptés par le web : JPG, PNG, etc. Les principaux logiciels SIG bureautiques permettent d'exporter la production cartographique au format image qui peut alors être inséré dans une page HTML.

COUTS FINANCIERS

Cette solution, certainement la plus simple, semble aussi la moins coûteuse car elle ne nécessite pas (ou peu) d'investissement supplémentaire. Elle convient à des besoins peu complexes avec des informations peu nombreuses. Si l'on opte pour la mise en place des pages dynamiques, du temps de développement est à prévoir.

SOLUTION SVG (Scalable Vector Graphics)

DESCRIPTION

Inventé en 1998, le langage SVG (Scalable Vector Graphics) devait répondre à un besoin de graphiques légers, dynamiques et interactifs. Il permet, au même titre que le SWF (flash), le PDF ou Autodesk, d'intégrer une écriture graphique vectorielle en 2D. Il est un dialecte du langage XML (eXtensible Markup language) qui offre la possibilité, sur la page web, de définir des marqueurs ou de personnaliser une structuration de données.

Sa normalisation par le W3C en 2000 et le grand intérêt qu'il a suscité chez les grands acteurs informatiques justifient sa place de choix parmi les solutions aujourd'hui disponibles. Globalement le SVG et le SWF (format propriétaire d'Adobe) restent les deux principaux formats de la solution vectorielle. Leur comparaison révèle des différences infimes.

Le schéma suivant montre, l'architecture de la solution SVG :

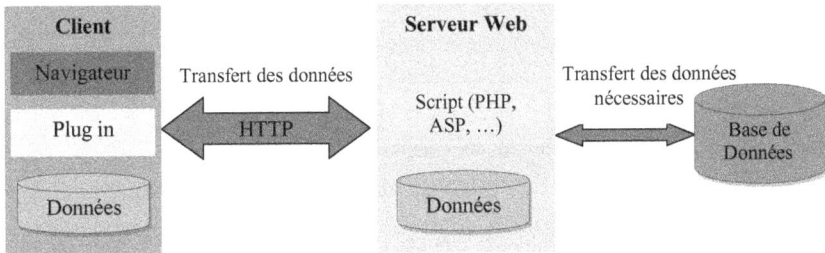

Figure 12: Schéma d'architecture de la solution SVG

Une automatisation de ce processus de conversion est permise par un certain nombre de logiciel ou modules additionnels des SIG bureautiques. Cependant, un fichier SIG peut être pris en charge à l'aide des scripts (PHP, ASP, JavaScript, etc.), si la spécialisation du format est préalablement connue.

Les principales caractéristiques du SVG, comme pour toutes les solutions vectorielles sont : un très bon rendu esthétique et une bonne ergonomie de navigation.

BESOINS MATERIELS ET LOGICIELS

Les composants logiciels de cette solution sont assez souples. L'infrastructure matérielle de cette solution ne demande pas d'application sur le serveur, excepté d'éventuels scripts. Elle offre donc, de larges possibilités d'hébergement de site cartographiques sur serveur mutualisé. Cependant, du coté client, il est nécessaire d'installer un plugin (SVGViewer) gratuit pour *internet explorer*.

Chez *Opera* la carte est visible mais le dynamisme géré par SVG DOM ne fonctionne pas.

Du coté de *Mozilla Firefox* y a une petite manipulation pour avoir SVG : après avoir installé le plugin d'Adobe (SVGViewer), il suffit de copier les fichiers du répertoire *Plugins* du SVGViewer dans le répertoire *plugins* du navigateur et de vérifier qu'il est bien présent. L'implémentation native de SVG dans *Mozilla* est encore incomplète et n'est pas fournie dans les versions officielles du navigateur. Il est possible de télécharger les versions compilées avec l'option, ou les compiler soit même.

INTEROPERABILITE

En termes d'interopérabilité, le SVG est développé et très largement soutenu via les produits des principaux éditeurs. Ils (Adobe, Corel, Autodesk, Sun Microsoft, etc.) présagent une implication des éditeurs de logiciel SIG. Aussi, l'ouverture et la bonne documentation offrent plus de souplesses à l'import, l'export du format ainsi que le développement croissant des «viewers » et des convertisseurs.

Aujourd'hui il est possible de passer des principaux formats SIG au format SVG à l'aide d'utilitaires gratuits ou payants.

Coûts financiers

Le coût de mise en place de cette solution est très faible voire nulle. Une application du genre est comme une base de données simple. Les données sont sauvegardées en **format texte**.

SOLUTION JAVA (JsView)

DESCRIPTION

La technologie JAVA propose aussi des solutions en termes de diffusion des données cartographiques sur le web. Elle se traduit par l'exécution d'une application (applet) du côté client qui se charge lors de l'ouverture de la page.

L'applet est une application programmée en JAVA insérée dans un document web. Elle doit être téléchargée à chaque fois que l'internaute consulte un document web. Cependant, un interpréteur doit être préalablement installé (machine virtuelle JAVA).

Les données, pour être visualisées, sont aussi stockées dans le cache du client, ainsi la qualité et la rapidité se rapproche des solutions vecteur.

Plusieurs solutions existent (Alov, JTS Topology suite, etc.). Parmi celles-ci, nous avons retenu JShapeView (ou JsView) qui est disponible aujourd'hui et qui s'appuie sur JShape4. Elle est toujours en développement mais propose beaucoup de fonctionnalités et une simplicité de configuration remarquable à travers un fichier texte. L'interface graphique, complète, ressemble à celle d'un serveur cartographique.

Le schéma suivant montre, l'architecture de la solution « JAVA» :

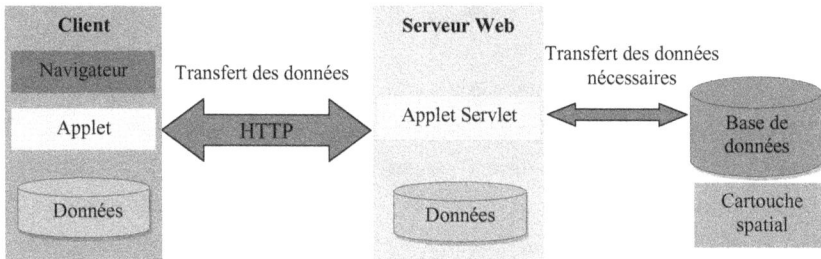

Figure 13 : Schéma d'architecture de la solution JSView

BESOINS MATERIELS ET LOGICIELS

Un avantage de cette solution est qu'elle nécessite une infrastructure matérielle très légère. Du côté du serveur, il est nécessaire d'installer l'aplet qui sera appelé par la page HTML.

Sur les postes clients, il est nécessaire d'installer au préalable un interpréteur : JAVA Virtuel Machine (JVM). La version 2.0 est nécessaire pour exécuter JShapeView. Il s'agit là, d'un des inconvénients de cette solution.

INTEROPERABILITE

Ce type d'application permet de gérer du vecteur et du raster. Les données spatiales et attributaires peuvent être chargées directement à partir des fichiers SIG. En général, le format Shape est le plus utilisé.

COUTS FINANCIERS

Cette solution est issue du monde libre. Les coûts de licence sont nuls ou très réduits. La mise en place sur le serveur peut demander des compétences spécifiques mais la configuration de l'application se révèle très simple.

SERVEUR CARTOGRAPHIQUE MapServer

DESCRIPTION

Il s'agit d'un serveur cartographique libre, sous licence GPL, développé par l'université de Minnesota, le département des ressources naturelles du Minnesota et la NASA. C'est un CGI (Common Gateway Interface) et permet de créer du code HTML de façon dynamique. L'utilisateur peut donc afficher, créer, faire des requêtes sur ses données géographiques. Ce système reste complètement personnalisable par l'adjonction d'applicatifs ou des librairies pour des développements plus performants et correspondants à des besoins pointus.

Contrairement aux logiciels propriétaires, le développement d'une application MapServer requiert beaucoup d'investissement humain qui découle d'un temps imparti pour un cycle de développement, test et de validation. Le personnel doit être capable de s'auto-former. Il est donc presque indispensable de se rallier à une communauté d'utilisateurs, ce qui peut pallier un certain manque d'informations, de documentation ou de difficultés d'installation.

Le schéma suivant montre, l'architecture de la solution MapServer :

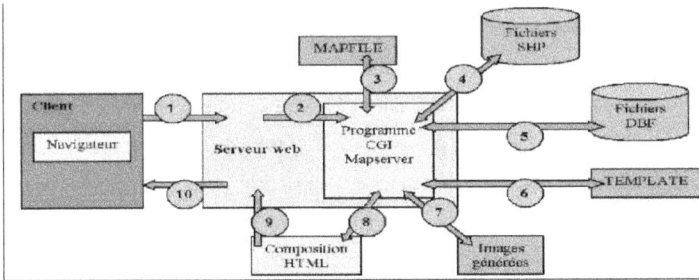

Figure 14 : Schéma d'architecture de la solution MapServer

Mécanisme de requêtes CGI :

1 - Envoi au serveur Web d'une page contenant l'adresse MAPSERVER

2 - Le serveur transmet à MAPSERVER la page qui lui est destinée.

3 - MAPSERVER décode les paramètres et va rechercher les informations situées dans le fichier projet. Celles-ci sont éventuellement modifiées par des paramètres passés par la page HTML.

4 - MAPSERVER va rechercher les éléments cartographiques à afficher.

5 - MAPSERVER recherche les éléments non géographiques associées (ex : récupérer les données correspondantes aux requêtes).

6 - MAPSERVER lit le modèle de la page HTML à générer (Template) et valorise les paramètres banalisés.

7 - MAPSERVER compose les images GIF à partir des fichiers et des paramètres. Les images annexes (échelles, références, couches visibles) sont aussi composées.

8 - MAPSERVER compose la page HTML de sortie.

9 - MAPSERVER envoie la page au serveur web.

10 - le serveur web renvoie la page au client.

BESOINS MATERIELS ET LOGICIELS

MapServer fonctionne sous une architecture trois tiers. Il fait intervenir un client léger avec un navigateur, un serveur http et un serveur de base de données. Il est conçu pour fonctionner sur un serveur web Apache ou IIS (Internet Information Server) et est multi plateforme : Windows, linux, etc. L'installation du noyau se fait dans le répertoire « `cgibin` » du serveur. Cela signifie que le serveur de l'hébergeur doit accepter les moteurs cartographiques pour mettre en place cette solution.

Il est à noter que les mises à jour sont de compatibilités ascendantes. Cette solution peut fonctionner de façon indépendante ou le faire coupler avec MapScript qui permet l'utilisation d'autres langages (PHP, JAVA, perl, python, TCL/TK) pour des développements plus complets avec des données variées. Plusieurs utilitaires accompagnent la version de base. Ils constituent une interface fournie par défaut : contrôle des déplacements (zoom, pan), vignette de carte de référence, échelle, légende, etc. Cette interface peut s'avérer nettement plus interactive si l'on utilise pour son fonctionnement du DHTML ou une applet JAVA (possible de mesurer la surface d'un polygone ou de mesurer la longueur d'une ligne tracée à la souris etc.).

Il est possible de coupler également différentes librairies pour des traitements spécifiques : PROJ4 (conversion des systèmes de projection). De plus, une interaction avec un système de gestion de base de données spatial (POSTGIS, Oracle spatial, ESRI SDE) est envisageable.

En effet, la cartouche spatiale d'une base de données classique permet de proposer directement des fonctions de requêtes spatiales pour des objets géoréférencés, ce qui simplifie fortement le traitement des requêtes.

INTEROPÉRABILITÉ

Toute personne possédant un navigateur peut accéder à une application MapServer. De plus, une gamme très large de formats d'images peut être utilisée. En effet, il est possible de lire des données de format de type vecteur (Shapefile, DNG, UK NTF, SDTS, etc.), de type raster (TIFF, GeoTIFF, GEOs, ESRI, etc.) et des données issues de base de données.

MOYENS FINANCIERS NECESSAIRES

Le code source et les exécutables sont gratuits ainsi que les mises à jour. Par contre, un temps de développement conséquent est nécessaire à la mise en place d'une application personnalisée. Par rapport à un produit « clé en main », un coût issu du développement/ test/validation est à prévoir.

Parmi les solutions libres énoncées, nous avons choisi la solution SVG car elle est la solution optimale du fait de la simplicité du format de sauvegarde des cartes : le format est en texte. De plus le DOM SVG qui lui est associé permet de modifier dynamiquement les attributs des éléments qui permettent de dessiner des figures.

Ainsi notre choix porte sur le langage SVG. Nous allons exposer les quelques méthodes et concepts du langage.

CHAPITRE 3 : REALISATION D'UN SIG POUR LA GESTION DE LITIGES FONCIERS

METHODOLOGIE

La réalisation d'une application SIG disponible via le réseau internet est entreprise en considérant la zone UCAD. En effet elle est représentative d'une commune. Elle a une superficie de 172 ha, elle englobe une population estudiantine de 60.086 personnes et de 1.143 enseignants environ. On y trouve des centres de santé, des logements, des salles de classe, des boutiques de commerce etc. La zone UCAD peut bien illustrer une commune.

Une application SIG web sera un pont entre les responsables des collectivités locales et les services cadastraux. La disponibilité de l'application dans le web permet aux responsables de consulter, de modifier ou d'ajouter des informations liées au foncier. L'action pourrait être validée après au bureau de cadastre affilié à cette zone.

Nous présentons dans cette partie les outils nécessaires pour réaliser une application SIG web. Nous allons exposer le modèle de formatage de notre base après une analyse avec la modèle entité/association. Ensuite nous parlons les différentes phases du développement de notre solution SIG web. Enfin nous finissons par montrer quelques facettes d'utilisation de l'application.

LES LANGAGES

La comparaison faite des différentes possibilités SIG libre, fait admettre que le langage SVG est une solution louable pour un système d'information géographique disponible dans un réseau internet. DOM SVG pousse les limites de SVG en rendant dynamique ses cartes. L'échange de données entre l'application et la base de données est possible avec l'usage du langage de script PHP (HyperText Preprocessor) et présentation sur des pages web nous oblige à prendre le HTML (HyperText Markup Language) et des feuilles de styles CSS (Cascading Style Sheets).

SVG

« Avec SVG, le Web graphique passe de l'illustration à l'information graphique. Scalable Vector Graphics est la clé pour créer des contenus visuels riches et utiles pour le Web. Enfin, les

créateurs ont le format graphique ouvert dont ils ont besoin pour faire des graphiques professionnels, non seulement objets visuels sur le Web, mais aussi contenus indexables et réutilisables. »[3]

« Les créateurs atteignent de plus larges audiences avec une variété croissante de supports pour le Web, du téléphone à l'ordinateur. Ils ont besoin de graphiques adaptables à ces différents supports. Mais avant tout, ils veulent gérer leurs graphiques de la même manière que leurs textes et leurs données, qui aujourd'hui sont au format XML. SVG est spécifiquement fait pour le leur permettre. »[4]

SVG est un nouveau format graphique révolutionnaire qui libère le potentiel de l'information graphique sur le Web. SVG est un langage de description des graphiques bidimensionnels en XML. SVG inclut un rendement de qualité, des possibilités de zoom et de panoramique, les filtres sur les objets, le remplissage des formes avec des textures et des gradients, les masques, les animations et l'interactivité et bien d'autres choses encore.

SVG est conçu pour incorporer les autres spécifications du W3C comme DOM, CSS, XSLT, SMIL.

SVG donne aux développeurs, graphistes et éditeurs la possibilité de créer des documents de faible taille, interactifs, de qualité pour une utilisation sur le Web. SVG permet le positionnement au pixel près d'objets graphiques tels que des formes, du texte aussi bien que d'images bitmap au format PNG ou JPEG et supporte plus de 16 millions de couleurs.

SVG est révolutionnaire dans le sens où il est pleinement adaptable au support en temps réel par l'usage de styles et de scripts. Les utilisateurs peuvent adapter les couleurs, les polices le contenu et les objets graphiques du côté client.

SVG utilise le modèle de document du W3C DOM (Document Object Model) pour atteindre les objets. SVG a son propre modèle compatible qui étend le DOM, le SVG DOM. En utilisant ces deux modèles, les scripts rendent SVG très ouvert et puissant.

---

[3] Tim Berners-Lee, directeur du W3C et père du World Wide Web.
[4] Chris Lilley, leader de l'activité graphique au W3C.

DOM SVG

Le Document Object Model (ou *DOM*) est une recommandation du W3C qui décrit une interface indépendante de tout langage de programmation et de toute plateforme, permettant à des programmes informatiques et à des scripts d'accéder ou de mettre à jour le contenu, la structure ou le style de documents. Le document peut ensuite être traité et les résultats de ces traitements peuvent être réincorporés dans le document tel qu'il sera présenté.

SVG étend le DOM avec des fonctions pour atteindre ses objets et leurs attributs. Ces fonctions peuvent être interprétées par explorer internet avec le plugin d'Adobe, SVGViewer.

PHP

PHP, signifie "HyperText Preprocessor" (Préprocesseur Hypertexte), est un langage de script HTML. La plupart de sa syntaxe est empruntée aux langages C, Java et Perl, mais y ajoute plusieurs fonctionnalités uniques. Le but de ce langage est de permettre aux développeurs web de concevoir rapidement des sites, aux pages dynamiques avec possibilité d'échanger avec une base de données.

HTML et CSS

HTML est un langage de présentation de contenus textes ou image. Les feuilles de styles CSS permettent de définir une présentation globale de la page. Elles facilitent ainsi l'écriture des pages HTML.

LES LOGICIELS UTILISES

Puisque les cartes en SVG sont sauvegardées sous format texte, la base de données MySQL peut servir pour enregistrer les données. Nos scripts d'échange entre la BD et les interfaces de l'application sont en PHP ; ceci sous entend le choix d'un serveur : il s'agit d'Apache. Nous retrouvons tout ceci avec le logiciel *XAMPP*.

Contribution à la gestion des litiges fonciers au Sénégal : réalisation d'un SIG web

La collecte des points GPS (Global Positioning System) s'est fait avec le logiciel *Google Earth*. Le logiciel *Franson CoordTrans v2.3* nous a servi à convertir les coordonnées géographiques dans une projection cylindrique, UTM qui est très utilisée en cartographie.

XAMPP

La dernière version est *XAMPP 1.7.3*. Il intègre les outils suivants :

Apache 2.2.14 (IPv6 possible) + OpenSSL 0.9.8l ;

MySQL 5.1.41 + PBXT engine ;

PHP 5.3.1;

phpMyAdmin 3.2.4;

Perl 5.10.1;

FileZilla FTP Server 0.9.33;

Mercury Mail Transport System 4.72.

Nous aurons juste besoin du serveur Apache, de la base de données MySQL et de phpMyAdmin dans notre projet.

GOOGLE EARTH

Développé par le groupe Google. Il permet d'explorer les quatre coins du monde, en visualisant des images de satellite, des cartes, des reliefs ou des bâtiments en 3D. Il est très utilisé dans le monde de la cartographie. Google Earth fournit des images vraies en 3D géoréférencées sur l'étendue du globe. C'est l'outil de base de la plupart des cartographes, peu importe le logiciel de cartographie à utiliser.

FRANSON COORDTRANS

CoordTrans convertit des coordonnées géographiques entre différents systèmes de coordonnées. Il supporte toutes les projections et tous les ellipsoïdes de la terre. Il existe une version gratuite qui n'offre pas beaucoup de possibilité de choix et sous licence privée qui prend en considération toutes les fonctionnalités du logiciel.

ANALYSE DU REGISTRE FONCIER

Pour un début, la normalisation de l'organisation du registre cadastre ne s'est pas fait rigoureusement avec toutes les contraintes d'intégrités des données. Pour un tel résultat cela suppose un séjour dans un service cadastre. Ce que nous n'avons pas pu faire vu le délai qui nous est imparti. Cependant ce que nous avons illustre bien l'organisation du registre cadastral.

Nous avons utilisé le modèle entité/association pour la représentation du modèle organisationnel du registre foncier.

MODELE CONCEPTUEL DE DONNEES

La figure en dessus est le modèle conceptuel de données de l'organisation du registre foncier.

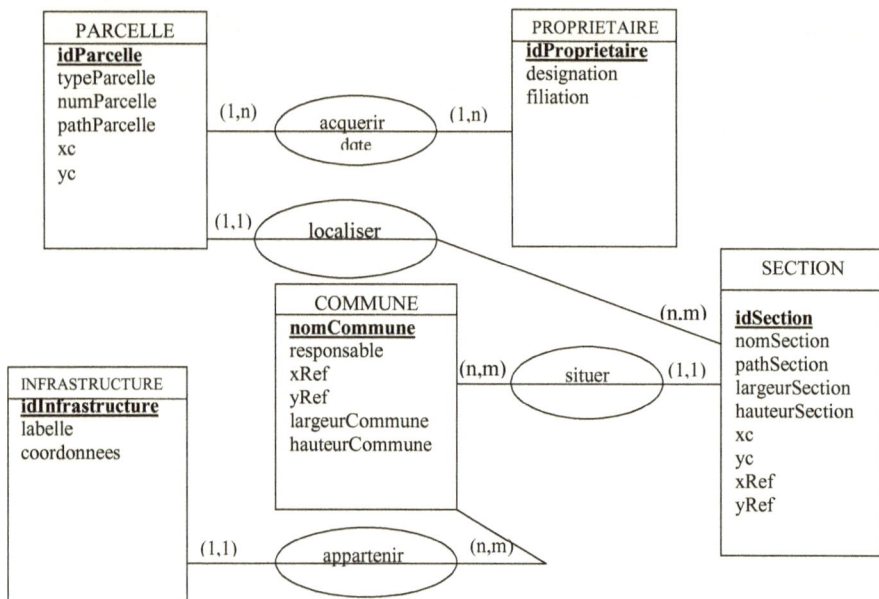

Figure 15 : Modèle Conceptuel de Données de Cadastre

Les tables user et trace n'apparaissent pas dans le modèle conceptuel de données car elles ne font pas partie des informations authentiques sauvegardées par le registre foncier. Elles apparaissent dans l'application dans le but de respecter l'aspect confidentiel des données foncières. Elles seront ainsi détaillées dans le tableau de dictionnaire des données.

DICTIONNAIRE DES DONNEES

Le dictionnaire des données permet d'implémenter la base de données.

Table 2 : Dictionnaire des données

Entité	Type	Champ	Taille / Valeur	Défaut	Attributs	Null	Index	A.I.
PARCELLE	idparcelle	INT	max	-	UNSIGNED	NON	P.K.	OUI
	idsection	VARCHAR	5	-		NON	F.K.	
	typeparcelle	ENUM	'publique' / 'privee'	-		NON		
	numparcelle	VARCHAR	5	-		NON		
	pathparcelle	TEXT	max	-		NON		
SECTION	idsection	I NT	max	-	UNSIGNED	NON	P.K.	OUI
	nomsection	VARCHAR	30	-		NON		
	nomcommune	VARCHAR	30	-		NON		
	pathsection	TEXT	max	-		NON		
	xRef	VARCHAR	10	-		NON		
	yRef	VARCHAR	10	-		NON		
	largeur	VARCHAR	10	-		NON		
	hauteur	VARCHAR	10	-		NON		
	xc	VARCHAR	10	-		NON		
	yc	VARCHAR	10	-		NON		
COMMUNE	nomcommune	VARCHAR	30	-		NON	P.K.	
	responsable	VARCHAR	30	-		NON		
	xref	VARCHAR	10	-		NON		
	yref	VARCHAR	10	-		NON		
	largeur	VARCHAR	10	-		NON		
	hauteur	VARCHAR	10	-		NON		
INFRAS- TRUCTURE	idinfrastructure	INT	max	-	UNSIGNED	NON	P.K.	OUI
	nomcommune	VARCHAR	30	-		NON		
	labelle	VARCHAR	30	-		NON		
	coordonnées	VARCHAR	21	-		NON		

Table 3 : Dictionnaire des données (suite)

Entité	Type	Champ	Taille / Valeur	Défaut	Attributs	Null	Index	A.I.[5]
ACQUISITION	idparcelle	VARCHAR	10	-		NON		
	idproprietaire	VARCHAR	10	-		NON		
	date	DATE		-		NON		
	pv_vente	TEXT		-				
PROPRIE-TAIRE	idproprietaire	VARCHAR	10	-		NON	P.K.	
	designation	VARCHAR	30	-		NON		
	filiation	TEXT		-				
TRACE	date	DATETIME		-		NON		
	acteur	VARCHAR	30	-		NON		
	action	TEXT		-		NON		
USER	login	VARCHAR	30	-		NON	P.K.	
	password	VARCHAR	30	-		NON		
	profil	ENUM	'admin' / 'guest'	-		NON		

Les tables USER et TRACE n'ont de relations directes avec les tables du modèle cadastre mais restent indispensable pour une bonne sécurisation de l'application. C'est pourquoi elles n'apparaissent pas sur le modèle.

RESULTATS OBTENUS

Nous nous sommes fixés comme premier objectif de tracer une carte moyennant des coordonnées GPS de la zone. Ensuite nous devons arriver à normaliser dans une base de données respectant l'organisation du système foncier au Sénégal. Enfin par mesure de sécurité, des profils d'utilisateurs et un traçage des actions faites par les administratifs pour rendre compte mutuellement des changements opérés dans le registre foncier y seront gérés. Nous prévoyons en plus d'ajouter des fonctionnalités de management de territoires qui aideront à la prise de décision concernant les politiques des terroirs administrés.

L'utilisation de l'application est faite en considérant la zone de l'UCAD.

---

[5] A.I. signifie Auto Incrémentation

LE TRACAGE DES CARTES

L'ACQUISITION DES COORDONNEES GPS DES POINTS

En premier lieu, nous avons obtenu les coordonnées géographiques de la zone UCAD à travers Google Earth. En faisant un zoom le plus approché possible, la prise des coordonnées du point marqué se fait avec moins d'erreur. L'image suivant montre quelques points marqués de la zone UCAD.

Figure 16 : Marquage des alentours de la zone UCAD avec Google Earth

CONVERSION DES COORDONEES DES POINTS EN UTM

Après avoir obtenu les coordonnées géographiques des points de l'UCAD, nous les convertissons dans la projection plane UTM. Car la représentation directe des points sous leurs coordonnées géographiques dans un plan n'est pas possible. Il existe déjà la formule mathématique pour la conversion à une précision de l'ordre de centimètre, disponible sur le site de *wikipedia*. De plus des logiciels comme CoordTrans peuvent le faire. Ainsi nous avions deux possibilités :

soit programmer la formule et l'incorporer ;

soit utiliser un logiciel l'ayant déjà fait.

Pour un début, nous utilisons le logiciel CoordTrans. L'image suivant montre l'interface de conversion du logiciel.

CONVERSION EN COORDONNEES PIXEL ET GEOREFERENCEMENT DE LA CARTE

Puisque SVG travaille avec des coordonnées pixels, nous avons converti les coordonnées des zones de l'UCAD en coordonnées pixels à travers une échelle de représentation. Nous avons résolu un problème de géoréférencement de la carte pour que l'ajout d'une nouvelle zone se fasse exactement à sa localisation réelle.

La formule suivante décrit cette conversion :

- $$X_{pixel} = \frac{X_{pixel}^{referent} + \left(X_{reel} - X_{reel}^{referent}\right)}{EchelleResolution} \; ;$$

- $$Y_{pixel} = \frac{Y_{pixel}^{referent} + \left(Y_{reel} - Y_{reel}^{referent}\right)}{EchelleResolution} .$$

X_{pixel} , Y_{pixel} : sont respectivement l'abscisse et l'ordonnée du point à convertir en pixel

$X_{pixel}^{referent}$, $Y_{pixel}^{referent}$: sont respectivement l'abscisse et l'ordonnée en pixel du point pris comme référent dans la zone

X_{reel} , Y_{reel} : sont respectivement l'abscisse et l'ordonnée en coordonnée UTM du point, à convertir en pixel.

$X_{reel}^{referent}$, $Y_{reel}^{referent}$: sont respectivement l'abscisse et l'ordonnée en UTM du point pris comme référent dans la zone.

Calcul de l'échelle de résolution :

Elle se calcule soit avec la largeur de l'écran fixée par défaut à 800px, soit avec la hauteur fixée à 600px par défaut. Le choix entre la largeur ou la hauteur dépend de celle qui a la plus grande valeur. C'est dans le but d'une bonne représentation sur l'écran.

Elle est obtenue avec la formule suivante :

$EchelleResolution = Largeur_{reelle} [Hauteur_{reelle}] / Largeur_{pixel} [Hauteur_{pixel}]$

Après cela, le traçage se fait en utilisant l'élément **path** de SVG. En effet **path** bénéficie d'un temps de rechargement minimal par rapport aux autres éléments. Il est en plus très général car il peut tracer n'importe quelle forme géométrique.

PRESENTATION DE L'APPLICATION

La page suivante représente la page d'accueil. Elle présente quatre onglets qui sont :

accueil : où nous présentons l'application ;

gestion Foncière : où nous gérons le domaine foncier ;

gestion Infrastructures : où nous renseignons sur la disposition des infrastructures dans une commune donnée ;

enfin Calcul distance : où nous réservons le calcul de trajet entre deux points en décrivant la trajectoire.

Figure 17 : Page d'accueil de l'application

De cette page, il est possible de choisir entre la « Gestion foncière », la « Gestion Infrastructure » ou bien « Calcul distance » qui ne faisait pas partie des objectifs mais c'est pour une perspective. Si nous choisissons l'onglet « Gestion foncière », nous accédons à la page suivante.

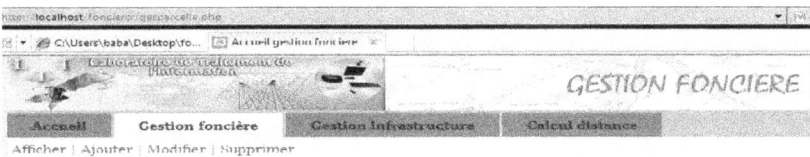

Figure 18: Page de la gestion du foncier

Nous avons maintenant la possibilité d'afficher la carte d'une zone, ajouter des communes, des sections dans une commune ou bien des parcelles dans une section donnée. Il est possible de modifier ou de supprimer. En choisissant l'option « Afficher » du menu nous voyons apparaitre la page de la figure en dessous.

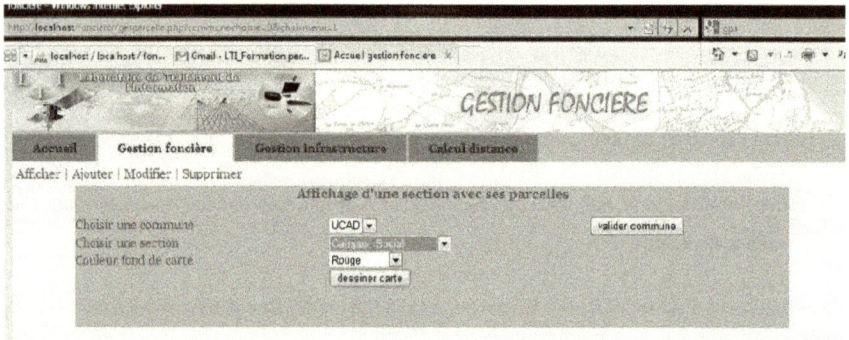

Figure 19 : Interface pour dessiner les parcelles d'une section

A partir de cette interface, il est possible d'afficher les parcelles d'une section dans une commune donnée. La carte générée se dessine avec l'élément SVG appelé *path* moyennant les coordonnées GPS converties en pixel de la zone à dessiner.

Le pavillon A du campus social de l'UCAD, qui a une forme quelconque, se dessine avec le code suivant :

path d = "M300 472 352 426 343 417 336 423 316 402 337 384 299 345 255 382 278 410 262 431z"

Expliquons un peu le code :

L'élément path est compact et très général. Il peut représenter toutes les formes à condition de lui fournir seulement les coordonnées contour décrivant leur géométrie.

La syntaxe générale de path s'écrit :

```
<path id="name"
      d="path-data"
      pathLength="length"
```

```
marker="uri"
marker-start="uri"
marker-mid="uri"
marker-end="uri"
transform="transformation"
fill-rule="nonzero | evenodd | inherit"
style-attribute="style-value"
/>
```

L'attribut le plus important est d="path-data". Avec cela, nous définissons le contour de notre forme ou de notre courbe.

Et si l'on s'intéressait de plus pré à d="path-data" ?

Le path-data incorpore des commandes de déplacement, de tracé de lignes et de retour au chariot : M | m (moveto), L | l (lineto), Z | z (closepath), majuscule signifie de manière globale et minuscule de façon local.

Les données parcelles sont enregistrées dans la base de données comme le montre l'image de la figure suivante :

	idparcelle ensemble des parcelles existantes	idsection	typeparcelle	numparcelle	pathparcelle
☐ ✎ ✗	1	1	publique	par A	M300 472 352 426 343 417 336 423 316 402 337 384 299 345 255 382 278 410 262 431z
☐ ✎ ✗	2	1	publique	par B	M241 363 210 329 223 317 255 351z
☐ ✎ ✗	3	1	publique	par C	M362 333 345 315 351 310 368 329z
☐ ✎ ✗	4	1	publique	par D	M196 312 208 303 177 268 166 277z
☐ ✎ ✗	5	1	publique	par E	M142 287 154 277 184 311 173 321z
☐ ✎ ✗	7	1	publique	par G	M347 284 333 296 307 269 322 256z

Figure 20 : Extrait de la base de données 'table parcelle'

Au clic sur le bouton « dessiner carte », un script PHP récupère les données du formulaire à la Figure 19 et cherche dans la base de données les parcelles correspondantes et les rangent dans un tableau. Ensuite il crée le fichier SVG portant l'ensemble des dessins des parcelles de la section choisie. A la fin il écrit dynamiquement un fichier HTML et attache le lien du fichier SVG avec la balise "embed".

Ce qui nous amène à la figure 21.

Contribution à la gestion des litiges fonciers au Sénégal : réalisation d'un SIG web

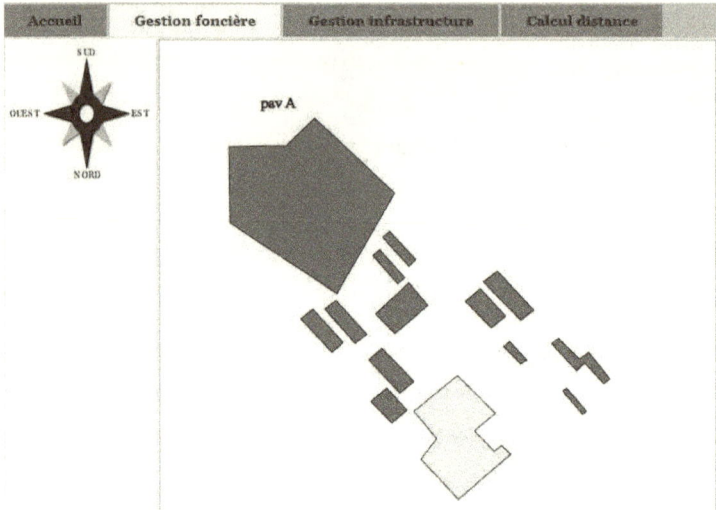

Figure 21: Affichage des bâtiments du campus social de l'UCAD.

Maintenant nous décidons d'ajouter la mosquée des «Ibadous » du campus social de l'UCAD. A l'aide de Google Earth, nous récupérons les coordonnées géographiques des points de contour de la mosquée (Figure 22).

Figure 22 : Prise de points décrivant le contour de la mosquée des ibadous

Ensuite la conversion des points de contour se fait un par un avec le logiciel CoordTrans. (Figure 23).

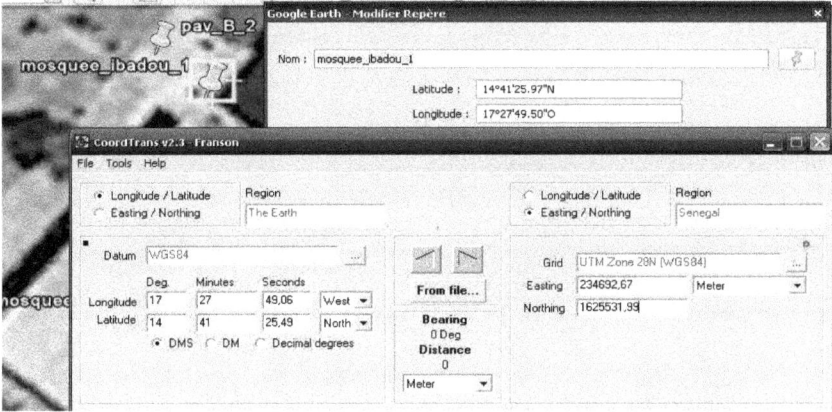

Figure 23 : Conversion d'un point en UTM

L'ensemble des points sont répertoriés dans un tableau Excel que nous sauvegardons sous le format texte ; séparateur : tabulation.

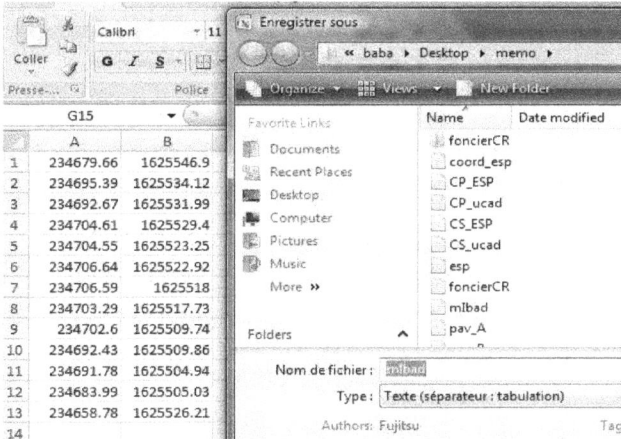

Figure 24 : Sauvegarde des points contours format "Txt"

Contribution à la gestion des litiges fonciers au Sénégal : réalisation d'un SIG web

A travers l'interface de l'application, dans gestion foncière nous ajoutons la mosquée des « Ibadous » du campus social de l'UCAD (Figure 25).

Figure 25 : Interface d'ajout d'une parcelle

En affichant de nouveau la carte nous remarquons la mosquée des « Ibadous » entre les pavillons B et D (Figure 26).

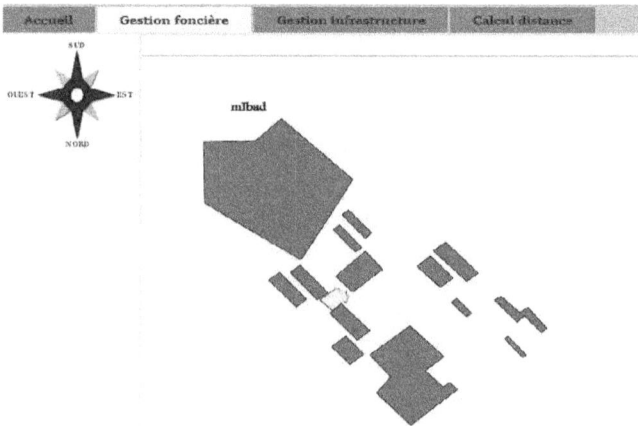

Figure 26 : Affichage des bâtiments du campus social et mis en exergue de la mosquée

Contribution à la gestion des litiges fonciers au Sénégal : réalisation
d'un SIG web

Maintenant nous allons superposer l'image satellite du campus social de Google Earth
(Figure 27) et la carte du campus social (Figure 26) que nous avons tracé avec cette application.

Figure 27: Image satellite de Google Earth

Nous allons utiliser le logiciel *Corel Paint Shop* pour faire une sélection magique de
l'ensemble des bâtiments à la figure 26. Ensuite nous la superposons sur l'image satellite prise de
Google Earth.

Figure 28 : Superposition de l'image satellite de Google Earth et du plan généré par
l'application

La figure 28 montre que les positions des bâtiments tracés avec l'application sont bien restituées. La comparaison faite des images des figures 27 et 28 montre que notre tracé épouse bien les contours des bâtiments dessinés.

A l'issue de cette tâche, nous avons pu réaliser une application qui respecte les points essentiels qu'on nous avait fixé comme objectif. Cependant elle n'est pas parfaite. Car il y a des fonctionnalités qui seraient les bienvenues. Elles rendront plus dynamiques les cartes ; l'information sera plus accessible du côté de l'utilisateur.

L'atout d'une telle application est que la modification des limites d'un bâtiment se fait plus facilement juste en ayant ses coordonnées géographiques.

CONCLUSION

Contribution à la gestion des litiges fonciers au Sénégal : réalisation d'un SIG web

La gestion du foncier au Sénégal comme partout ailleurs est complexe, malgré tout l'effort et les stratégies déployés depuis les indépendances jusqu'à ce jour. En effet, il demeure toujours à côté de la gestion moderne du foncier, une gestion coutumière des terres. Cette dernière est plus fréquente dans les zones rurales. En cela s'ajoutent des litiges dûs à des changements de propriétaires ou des redimensionnements de grandes parcelles de manière informelle. Le registre foncier est presque inaccessible pour la majeure partie des gens concernés par des litiges. On attend à chaque fois qu'un litige s'intensifie pour aller consulter les données cadastrales.

En pareille circonstance, une solution SIG web pourrait bien régler cette carence d'information sur le foncier au niveau des responsables des communautés rurales. Cette question a fait l'objet de recherche de beaucoup de sujets de mémoires. Ces derniers préconisaient des solutions qui sont très tôt abandonnées. Soit elles ne sont pas adaptables à la réalité foncière car l'utilisation est complexe. Soit le support des données n'est pas prévu pour autant d'enregistrements, du coup, il y a impossibilité d'exécution des requêtes.

Ainsi notre application tient compte de ces faiblesses. Les interfaces sont développées en tenant compte des utilisateurs finaux. Nous avons une base de données simple qui gère du texte ; format des scripts de traçage de SVG. La zone UCAD prise comme exemple est bien représentative d'une commune que ça soit par sa superficie, ses infrastructures que par ses bâtiments. Puisque cela marche bien avec, nous n'avons pas de souci de l'appliquer sur une commune.

Notre application rendra la lecture de l'information cadastrale plus facile. Elle permettra aux responsables de la gestion des terres d'accéder plus facilement aux données foncières grâce à sa mise en ligne sur internet. Les modifications informelles pourront être enregistrées par un responsable comme le chef de quartier en attendant d'être approuvées par le service cadastre dont dépend cette localité. Un litige de limite parcellaire se réglerait en traçant la ligne frontière des deux parcelles et en regardant de quel côté se trouve cette ligne.

Elle sera un outil stratégique dans la gestion des infrastructures. Elle restituera la disposition des infrastructures dans la commune. De ce fait la prise de décision en vu d'une politique d'aménagement se fera plus aisément. Elle pourrait montrer la proximité des champs avec les pâturages qui est des fois source de querelle entre éleveurs et maraîchers ou bien l'emplacement des bâtiments publiques dans la commune. Nous pourrons contrôler le déplacement des éleveurs en leur outillant d'appareil qui renvoie leurs positions GPS et montrer cela avec l'application. Pareillement les biens de la commune peuvent être gérés avec. L'emplacement stratégique des centres de santé ou des écoles peut être situé sachant la densité des partitions de la commune. En quelques mots notre application serait un outil de management territorial de la commune.

Durant la réalisation de cette application, nous avons eu à faire un auto-apprentissage du langage SVG. Nous avons aussi tenté de faire la prise des coordonnées des points GPS avec le logiciel Google Earth au lieu d'un appareil GPS. Au moment de convertir les points sélectionnés pour une zone, nous devrions taper les coordonnées latitude puis longitude sur le logiciel CoordTrans. Ce qui peut engendrer beaucoup d'erreurs et des recommencements à ne pas finir. La prise de points sur Google Earth et la conversion sur CoordTrans n'étaient pas du tout facile.

Il est prévu de gérer la prise de coordonnées GPS par un appareil GPS qui nous fournit directement les mesures en UTM. Il va suffire de gérer l'extension du fichier que fournit le GPS. La navigation sur la carte est statique, nous n'avons pas la possibilité de défiler sur la carte avec des boutons de navigation.

Certaines fonctionnalités peuvent être ajoutées à l'application afin de se rapprocher le plus possible des normes préconisées pour les SIG. La navigation dans une carte affichée devrait être plus facile comme avec Google Earth. L'option de zoom devrait être gérée indépendamment de celle livrée par le plugin SVGViewer pour ajouter la possibilité d'un zoom plus navigation.

Les profils d'utilisation devront être ajoutés pour respecter le règlement régi par le foncier au Sénégal. Cela permettra de sécuriser les informations enregistrées dans la base de données.

La modélisation de la base de données doit plus refléter la manière de travail du service cadastre. Ainsi le logiciel pourrait vraiment jouer le rôle de relais entre les responsables des collectivités locales et les services cadastres.

BIBLIOGRAPHIE

[1] Djibril DIOP, Université Panthéon Sorbonne, Le Financement des Collectivités Locales
Actes du séminaire de Dakar, Dakar mars 2006 (AQUADEV)

[2] Dr DIEYE H. B. (laboratoire LERG), *Introduction à la géomatique*, cours master2 MTI :
ESP/UCAD, 2008/2009

[3] FROST Jonathan - GOESSNER Stefan - HIRTZLER Michel, *Learn SVG*, Internet:
http://pilatinfo.org/learnsvg/index.htm; *Apprivoiser SVG*, Traduction de HIRTZLER Michel

[4] LE BRIS E. (ORSTOM) - OSMONT A. (IFU) - OUATTARA A. (CNRST) - KINDA F.
(Université de Ouagadougou) - SY M. - GOISLARD C. (ORSTOM) - YAPI DIAHOU A.
(ORSTOMIENS Abidjan), *Contribution à la connaissance d'un droit foncier intermédiaire dans
les villes d'Afrique de l'Ouest*, Paris : Ministère de la technologie, Septembre 1991.

[5] [W2GIS'06] PETIT M. - RAY C. - CLARAMUNT C., *A contextual approach for the
development of GIS: Application to maritime navigation*, Proceedings of the 6th International
Symposium on Web and Wireless Geographical Information System, Dec. 2006

[6] PFAFFENBERGER Brian - SCHAFER Steven M. - WHITE Charles - KAROW Bill, *HTML,
XHTML, and CSS Bible, 3rdEdition*, Canada: Wiley Publishing, Inc. Indianapolis, Indiana, 2004

[7] PHP Document Group, *PHP 4 Manuel de Référence*, PHP Document Group, 2000

[8] http://www.css-faciles.com/liste-proprietes/line-height.php, 15 décembre 2009

[9] http://pilat.free.fr/english/routines/js_dom.htm, 23 décembre 2009

[10] http://fr.selfhtml.org/javascript/objets/node.htm#first_child, 23 décembre 2009

[11] http://www.codeproject.com/KB/dotnet/Calibrator.aspx, 23 décembre 2009

[12]http://fr.wikipedia.org/wiki/Transverse_Universelle_de_Mercator#Coordonn.C3.A9es_:_g.C
3.A9ographiques_ou_projection_.3F, 28 juin 2009

GLOSSAIRE

Base de données spatial est une base de données où sont sauvegardées des données qui seront présentées sur des supports de cartes.

CGI : Commun Gateway Interface

Datum est un système de référence géodésique. C'est un système de référence constitué de l'ensemble des conventions qui permettent d'exprimer, de façon univoque, la position de tout point de la surface terrestre.

DHTML signifie **HTML dynamique**, de l'anglais **Dynamic HTML**, est un nom générique donné à l'ensemble des techniques utilisées par l'auteur d'une page web pour que celle-ci soit capable de se modifier elle-même en cours de consultation dans le navigateur web.

Ellipsoïde est une forme de masse arrondie à extrémité obtuse et dont l'axe longitudinal est une fois et demie ou deux fois plus long que l'axe transversal. Elle désigne aussi système de référence géodésique ou datum.

GPS désigne en anglais Global Positioning System qui signifie Système de Positionnement Global.

IGN : Institut Géographique National.

NASA : *National Aeronautics and Space Administration* est une agence de l'Etat américain responsable des programmes spatiaux publics de la nation.

NMM : Niveau Moyen des Mers

SHOM : Service Hydrographique et Océanographique de la Marine

SIG : Système d'Information Géographique.

Contribution à la gestion des litiges fonciers au Sénégal : réalisation
d'un SIG web

SIG web est un système d'information géographique disponible à travers le réseau internet.

SVGViewer est un plugin développé par Adobe pour visualiser le format SVG avec internet explorer.

TIC : Technologie d'Information et de la Communication.

UCAD, sigle qui signifie Université Cheikh Anta Diop.

WGS84 signifie World Geodetic System. Elle est le datum mondial dont se serre le GPS pour donner les coordonnées d'une position sur la surface terrestre.

www.ingramcontent.com/pod-product-compliance
Lightning Source LLC
Chambersburg PA
CBHW020316220326
41598CB00017BA/1579